Precious Girl

A bilingual children's story about fostering and adoption

By Laura Dye

Illustrated by Lily Tamminga

Precious Girl
Published by DyeBooks
© 2024 by Laura Dye

Check out more titles at DyeBooks.com

ISBN: 979-8-3303-2626-6

Design: Roger Dye
Illustrations: Lily Tamminga

This book is dedicated to all the precious boys and precious girls and the *almost old* who love them with a very strong love.

Precious Girl

Some parents tell their children about the day they were born. This is the story we told Precious Girl (who says that we are "almost-old") about the day she arrived at our home… *her* home.

Once upon a time there was an almost-old woman
and an almost-old man. She began to make cookies
while the almost-old man went to work.

A white car arrived with a little girl sleeping in the backseat with her unicorn.

The little girl opened her brown eyes beneath her black hair and smiled a smile as bright as sunshine, even though she didn't have many teeth.

The almost-old woman invited the precious girl to come inside the house. The little white unicorn napped while…

the precious girl and the almost-old woman went outside to gather eggs. They opened the chicken coop very carefully, but…

… frightened a poor hen just the same! The precious girl and the almost-old woman laughed and laughed while they gathered the blue and brown eggs.

They placed them in a basket and brought them inside the house. The almost-old woman and the precious girl made cookies together until the almost-old man came home from work.

When he saw the precious girl, he whispered, "Do you think we have a bed for her?"

The almost-old woman said, "Yes! We have the perfect bed for her!"

And the almost-old woman and the almost-old man loved the precious girl with a very strong love.

Y la mujer casi viejita y el hombre casi viejito
amaron a la niña preciosa con un amor muy fuerte.

Cuando él vio a la niña preciosa, susurró, «¿Crees que tenemos una cama para ella?»

La mujer casi viejita dijo, «¡Sí, tenemos una cama perfecta para ella!»

Los pusieron en una canasta y los llevaron a la casa.
Juntas hicieron galletas hasta que el hombre casi
viejito llego del trabajo.

… ¡igual se asustó una gallina! La niña preciosa y la mujer casi viejita se rieron mucho mientras recogían los huevos azules y marrones.

la niña preciosa y la mujer casi viejita salieron a
buscar los huevos de gallina. Abrieron la casa de las
gallinas con mucho cuidado, pero…

La mujer casi viejita invito a la niña preciosa a entrar a la casa. El unicornio se tomó una siesta mientras que…

La niña abrió
sus ojos cafés
bajo el cabello
negro y sonrió
una sonrisa
como un rayo de
sol, aunque no
tenia muchos
dientes.

Llego un auto blanco con una niña durmiendo en el asiento trasero con su unicornio.

Había una vez una mujer casi viejita y un hombre casi viejito. Ella comenzó a hacer galletas mientras el hombre casi viejito fue a trabajar.

Niña Preciosa

Algunos padres les cuentan a sus hijos acerca del día en que nacieron. Esta es la historia que le contamos a Niña Preciosa (quién dice que somos «casi viejitos») acerca del día en que ella llegó a nuestra casa... *su* casa.

Este libro está dedicado a todos los preciosos niños y preciosas niñas y a los casi *viejitos* que los aman con un amor muy fuerte.

La Niña Preciosa
Publicado por DyeBooks
© 2024 por Laura Dye

ISBN: 979-8-3303-2626-6

Diseño: Roger Dye
Ilustraciones: Lily Tamminga

Niña Preciosa

Un relato infantil bilingüe sobre la acogida y la adopción

Por Laura Dye

Ilustrado por Lily Tamminga